A

Website :..

User name :...

Password:..

Note :..

Website :..

User name :...

Password:..

Note :..

Website :..

User name :...

Password:..

Note :..

A

Website :...

User name :...

Password:...

Note :...

Website :...

User name :...

Password:...

Note :...

Website :...

User name :...

Password:...

Note :...

A

Website :..

User name :...

Password:...

Note :..

Website :..

User name :...

Password:...

Note :..

Website :..

User name :...

Password:...

Note :..

A

Website :...

User name :...

Password:..

Note :...

Website :...

User name :...

Password:..

Note :...

Website :...

User name :...

Password:..

Note :...

B

Website :...

User name :...

Password:..

Note :...

Website :...

User name :...

Password:..

Note :...

Website :...

User name :...

Password:..

Note :...

B

Website :...

User name :...

Password:...

Note :...

Website :...

User name :...

Password:...

Note :...

Website :...

User name :...

Password:...

Note :...

B

Website :..

User name :..

Password:..

Note :..

Website :..

User name :..

Password:..

Note :..

Website :..

User name :..

Password:..

Note :..

B

Website :..

User name :..

Password:...

Note :...

Website :..

User name :..

Password:...

Note :...

Website :..

User name :..

Password:...

Note :...

C

Website :..

User name :..

Password:...

Note :...

Website :..

User name :..

Password:...

Note :...

Website :..

User name :..

Password:...

Note :...

C

Website :...

User name :...

Password:..

Note :...

Website :...

User name :...

Password:..

Note :...

Website :...

User name :...

Password:..

Note :...

C

Website :...

User name :...

Password:...

Note :..

Website :...

User name :...

Password:...

Note :..

Website :...

User name :...

Password:...

Note :..

C

Website :..

User name :..

Password:..

Note :..

Website :..

User name :..

Password:..

Note :..

Website :..

User name :..

Password:..

Note :..

D

Website :..

User name :...

Password:..

Note :..

Website :..

User name :...

Password:..

Note :..

Website :..

User name :...

Password:..

Note :..

D

Website :..

User name :..

Password:...

Note :..

Website :..

User name :..

Password:...

Note :..

Website :..

User name :..

Password:...

Note :..

D

Website :...

User name :...

Password:..

Note :..

Website :...

User name :...

Password:..

Note :..

Website :...

User name :...

Password:..

Note :..

D

Website :..

User name :...

Password:...

Note :...

Website :..

User name :...

Password:...

Note :...

Website :..

User name :...

Password:...

Note :...

E

Website :...

User name :...

Password:...

Note :..

Website :...

User name :...

Password:...

Note :..

Website :...

User name :...

Password:...

Note :..

E

Website :...

User name :...

Password:..

Note :...

Website :...

User name :...

Password:..

Note :...

Website :...

User name :...

Password:..

Note :...

E

Website :..

User name :..

Password:..

Note :..

Website :..

User name :..

Password:..

Note :..

Website :..

User name :..

Password:..

Note :..

E

Website :..

User name :..

Password:..

Note :...

Website :..

User name :..

Password:..

Note :...

Website :..

User name :..

Password:..

Note :...

F

Website :..

User name :...

Password:..

Note :..

Website :..

User name :...

Password:..

Note :..

Website :..

User name :...

Password:..

Note :..

F

Website :...

User name :..

Password:..

Note :...

Website :...

User name :..

Password:..

Note :...

Website :...

User name :..

Password:..

Note :...

F

Website :...

User name :...

Password:..

Note :...

Website :...

User name :...

Password:..

Note :...

Website :...

User name :...

Password:..

Note :...

F

Website :..

User name :..

Password:...

Note :...

Website :..

User name :..

Password:...

Note :...

Website :..

User name :..

Password:...

Note :...

G

Website :...

User name :...

Password:..

Note :...

Website :...

User name :...

Password:..

Note :...

Website :...

User name :...

Password:..

Note :...

Website :...

User name :...

Password:..

Note :..

Website :...

User name :...

Password:..

Note :..

Website :...

User name :...

Password:..

Note :..

G

Website :..

User name :..

Password:...

Note :..

Website :..

User name :..

Password:...

Note :..

Website :..

User name :..

Password:...

Note :..

G

Website :..

User name :...

Password:..

Note :...

Website :..

User name :...

Password:..

Note :...

Website :..

User name :...

Password:..

Note :...

H

Website :...

User name :...

Password:...

Note :...

Website :...

User name :...

Password:...

Note :...

Website :...

User name :...

Password:...

Note :...

H

Website :..

User name :..

Password:...

Note :..

Website :..

User name :..

Password:...

Note :..

Website :..

User name :..

Password:...

Note :..

H

Website :..

User name :..

Password:...

Note :..

Website :..

User name :..

Password:...

Note :..

Website :..

User name :..

Password:...

Note :..

H

Website :...

User name :..

Password:...

Note :..

Website :...

User name :..

Password:...

Note :..

Website :...

User name :..

Password:...

Note :..

I

Website :..

User name :..

Password:...

Note :..

Website :..

User name :..

Password:...

Note :..

Website :..

User name :..

Password:...

Note :..

Website :..

User name :...

Password:...

Note :..

Website :..

User name :...

Password:...

Note :..

Website :..

User name :...

Password:...

Note :..

Website :..

User name :..

Password:...

Note :..

Website :..

User name :..

Password:...

Note :..

Website :..

User name :..

Password:...

Note :..

I

Website :...

User name :...

Password:..

Note :..

Website :...

User name :...

Password:..

Note :..

Website :...

User name :...

Password:..

Note :..

J

Website :..

User name :..

Password:..

Note :..

Website :..

User name :..

Password:..

Note :..

Website :..

User name :..

Password:..

Note :..

J

Website :...

User name :...

Password:..

Note :...

Website :...

User name :...

Password:..

Note :...

Website :...

User name :...

Password:..

Note :...

J

Website :...

User name :..

Password:...

Note :..

Website :...

User name :..

Password:...

Note :..

Website :...

User name :..

Password:...

Note :..

J

Website :...

User name :..

Password:..

Note :..

Website :...

User name :..

Password:..

Note :..

Website :...

User name :..

Password:..

Note :..

K

Website :..

User name :...

Password:..

Note :..

Website :..

User name :...

Password:..

Note :..

Website :..

User name :...

Password:..

Note :..

K

Website :..

User name :..

Password:..

Note :..

Website :..

User name :..

Password:..

Note :..

Website :..

User name :..

Password:..

Note :..

K

Website :..

User name :..

Password:..

Note :...

Website :..

User name :..

Password:..

Note :...

Website :..

User name :..

Password:..

Note :...

L

Website :..

User name :..

Password:...

Note :...

Website :..

User name :..

Password:...

Note :...

Website :..

User name :..

Password:...

Note :...

L

Website :..

User name :..

Password:...

Note :...

Website :..

User name :..

Password:...

Note :...

Website :..

User name :..

Password:...

Note :...

L

Website :...

User name :...

Password:..

Note :...

Website :...

User name :...

Password:..

Note :...

Website :...

User name :...

Password:..

Note :...

L

Website :..

User name :..

Password:...

Note :..

Website :..

User name :..

Password:...

Note :..

Website :..

User name :..

Password:...

Note :..

M

Website :..

User name :...

Password:...

Note :...

Website :..

User name :...

Password:...

Note :...

Website :..

User name :...

Password:...

Note :...

M

Website :...

User name :...

Password:..

Note :..

Website :...

User name :...

Password:..

Note :..

Website :...

User name :...

Password:..

Note :..

M

Website :...

User name :...

Password:...

Note :...

Website :...

User name :...

Password:...

Note :...

Website :...

User name :...

Password:...

Note :...

M

Website :...

User name :...

Password:..

Note :..

Website :...

User name :...

Password:..

Note :..

Website :...

User name :...

Password:..

Note :..

N

Website :..

User name :..

Password:...

Note :...

Website :..

User name :..

Password:...

Note :...

Website :..

User name :..

Password:...

Note :...

N

Website :..

User name :..

Password:...

Note :...

Website :..

User name :..

Password:...

Note :...

Website :..

User name :..

Password:...

Note :...

N

Website :...

User name :..

Password:...

Note :..

Website :...

User name :..

Password:...

Note :..

Website :...

User name :..

Password:...

Note :..

N

Website :..

User name :..

Password:..

Note :..

Website :..

User name :..

Password:..

Note :..

Website :..

User name :..

Password:..

Note :..

O

Website :...

User name :..

Password:...

Note :..

Website :...

User name :..

Password:...

Note :..

Website :...

User name :..

Password:...

Note :..

O

Website :..

User name :...

Password:..

Note :..

Website :..

User name :...

Password:..

Note :..

Website :..

User name :...

Password:..

Note :..

O

Website :...

User name :...

Password:...

Note :..

Website :...

User name :...

Password:...

Note :..

Website :...

User name :...

Password:...

Note :..

O

Website :...

User name :...

Password:..

Note :...

Website :...

User name :...

Password:..

Note :...

Website :...

User name :...

Password:..

Note :...

P

Website :...

User name :...

Password:...

Note :...

Website :...

User name :...

Password:...

Note :...

Website :...

User name :...

Password:...

Note :...

P

Website :..

User name :...

Password:..

Note :..

Website :...

User name :..

Password:...

Note :...

Website :...

User name :...

Password:..

Note :..

P

Website :…………………………………………………………………………………….

User name :……………………………………………………………………………….

Password:…………………………………………………………………………………

Note :……………………………………………………………………………………….

Website :………………………………………………………………………………………

User name :………………………………………………………………………………….

Password:……………………………………………………………………………………

Note :…………………………………………………………………………………………

Website :………………………………………………………………………………………

User name :………………………………………………………………………………….

Password:……………………………………………………………………………………

Note :…………………………………………………………………………………………

P

Website :..

User name :..

Password:...

Note :...

Website :..

User name :..

Password:...

Note :...

Website :..

User name :..

Password:...

Note :...

Q

Website :...

User name :..

Password:...

Note :..

Website :...

User name :..

Password:...

Note :..

Website :...

User name :..

Password:...

Note :..

Q

Website :..

User name :...

Password:...

Note :...

Website :..

User name :...

Password:...

Note :...

Website :..

User name :...

Password:...

Note :...

Q

Website :...

User name :...

Password:...

Note :...

Website :...

User name :...

Password:...

Note :...

Website :...

User name :...

Password:...

Note :...

Q

Website : ....

User name : ....

Password: ....

Note : ....

Website : ....

User name : ....

Password: ....

Note : ....

Website : ....

User name : ....

Password: ....

Note : ....

Website :...

User name :..

Password:...

Note :..

Website :...

User name :..

Password:...

Note :..

Website :...

User name :..

Password:...

Note :..

R

Website :..

User name :..

Password:..

Note :..

Website :..

User name :..

Password:..

Note :..

Website :..

User name :..

Password:..

Note :..

R

Website :..

User name :..

Password:...

Note :..

Website :..

User name :..

Password:...

Note :..

Website :..

User name :..

Password:...

Note :..

R

Website :..

User name :..

Password:...

Note :..

Website :..

User name :..

Password:...

Note :..

Website :..

User name :..

Password:...

Note :..

S

Website :..

User name :..

Password:...

Note :..

Website :..

User name :..

Password:...

Note :..

Website :..

User name :..

Password:...

Note :..

S

Website :..

User name :..

Password:...

Note :...

Website :..

User name :..

Password:...

Note :...

Website :..

User name :..

Password:...

Note :...

S

Website :..

User name :...

Password:...

Note :...

Website :..

User name :...

Password:...

Note :...

Website :..

User name :...

Password:...

Note :...

S

Website :..

User name :..

Password:...

Note :...

Website :..

User name :..

Password:...

Note :...

Website :..

User name :..

Password:...

Note :...

T

Website :...

User name :...

Password:...

Note :..

Website :...

User name :...

Password:...

Note :..

Website :...

User name :...

Password:...

Note :..

T

Website :..

User name :..

Password:..

Note :..

Website :..

User name :..

Password:..

Note :..

Website :..

User name :..

Password:..

Note :..

T

Website :..

User name :...

Password:...

Note :...

Website :..

User name :...

Password:...

Note :...

Website :..

User name :...

Password:...

Note :...

T

Website :..

User name :..

Password:..

Note :..

Website :..

User name :..

Password:..

Note :..

Website :..

User name :..

Password:..

Note :..

T

Website :……………………………………………………………………….

User name :……………………………………………………………………….

Password:……………………………………………………………………….

Note :……………………………………………………………………….

Website :……………………………………………………………………….

User name :……………………………………………………………………….

Password:……………………………………………………………………….

Note :……………………………………………………………………….

Website :……………………………………………………………………….

User name :……………………………………………………………………….

Password:……………………………………………………………………….

Note :……………………………………………………………………….

U

Website :..

User name :...

Password:...

Note :..

Website :..

User name :...

Password:...

Note :..

Website :..

User name :...

Password:...

Note :..

U

Website :...

User name :..

Password:..

Note :...

Website :...

User name :..

Password:..

Note :...

Website :...

User name :..

Password:..

Note :...

U

Website :..

User name :...

Password:...

Note :..

Website :..

User name :...

Password:...

Note :..

Website :..

User name :...

Password:...

Note :..

U

Website :………………………………………………………………………….

User name :………………………………………………………………………..

Password:…………………………………………………………………………..

Note :………………………………………………………………………………..

Website :………………………………………………………………………….

User name :………………………………………………………………………..

Password:…………………………………………………………………………..

Note :………………………………………………………………………………..

Website :………………………………………………………………………….

User name :………………………………………………………………………..

Password:…………………………………………………………………………..

Note :………………………………………………………………………………..

V

Website :..

User name :..

Password:...

Note :...

Website :..

User name :..

Password:...

Note :...

Website :..

User name :..

Password:...

Note :...

V

Website :...

User name :...

Password:...

Note :..

Website :...

User name :...

Password:...

Note :..

Website :...

User name :...

Password:...

Note :..

V

Website :..

User name :..

Password:...

Note :...

Website :..

User name :..

Password:...

Note :...

Website :..

User name :..

Password:...

Note :...

V

Website :...

User name :..

Password:...

Note :...

Website :...

User name :..

Password:...

Note :...

Website :...

User name :..

Password:...

Note :...

W

Website :...

User name :...

Password:..

Note :..

Website :...

User name :...

Password:..

Note :..

Website :...

User name :...

Password:..

Note :..

W

Website :..

User name :..

Password:...

Note :...

Website :..

User name :..

Password:...

Note :...

Website :..

User name :..

Password:...

Note :...

W

Website :...

User name :...

Password:..

Note :...

Website :...

User name :...

Password:..

Note :...

Website :...

User name :...

Password:..

Note :...

W

Website :..

User name :...

Password:...

Note :..

Website :..

User name :...

Password:...

Note :..

Website :..

User name :...

Password:...

Note :..

X

Website :..

User name :..

Password:..

Note :..

Website :..

User name :..

Password:..

Note :..

Website :..

User name :..

Password:..

Note :..

X

Website :..

User name :...

Password:...

Note :...

Website :..

User name :...

Password:...

Note :...

Website :..

User name :...

Password:...

Note :...

X

Website :..

User name :..

Password:..

Note :..

Website :..

User name :..

Password:..

Note :..

Website :..

User name :..

Password:..

Note :..

X

Website :...

User name :..

Password:...

Note :..

Website :...

User name :..

Password:...

Note :..

Website :...

User name :..

Password:...

Note :..

Y

Website :...

User name :...

Password:..

Note :...

Website :...

User name :...

Password:..

Note :...

Website :...

User name :...

Password:..

Note :...

Y

Website :...

User name :...

Password:..

Note :...

Website :...

User name :...

Password:..

Note :...

Website :...

User name :...

Password:..

Note :...

Y

Website :...

User name :...

Password:..

Note :..

Website :...

User name :...

Password:..

Note :..

Website :...

User name :...

Password:..

Note :..

Y

Website :...

User name :..

Password:...

Note :...

Website :...

User name :..

Password:...

Note :...

Website :...

User name :..

Password:...

Note :...

Z

Website :..

User name :..

Password:..

Note :...

Website :..

User name :..

Password:..

Note :...

Website :..

User name :..

Password:..

Note :...

Z

Website :...

User name :...

Password:..

Note :...

Website :...

User name :...

Password:..

Note :...

Website :...

User name :...

Password:..

Note :...

Z

Website :..

User name :..

Password:..

Note :..

Website :..

User name :..

Password:..

Note :..

Website :..

User name :..

Password:..

Note :..

Z

Website :...

User name :..

Password:...

Note :..

Website :...

User name :..

Password:...

Note :..

Website :...

User name :..

Password:...

Note :..

Made in the USA
Monee, IL
14 March 2022

92923947R00062